AF283192

RALY

Platero
COOLBOOKS

Título: Sagitario
Primera edición: marzo, 2024
© 2024, del texto Raly.
© 2024, del diseño de cubierta Pablo Recena @pablorecena.
© 2024, de la edición, maquetación y diseño Platero CoolBooks.
© Platero Editorial S.L.
Glorieta Fernando Quiñones s/n .
Edif. Centris, planta 2, módulo 10. 41940 Tomares (Sevilla)
info@plateroeditorial.es
www.plateroeditorial.es
Diseño de portada: Platero CoolBooks.

Printed in Spain-Impreso en España
ISBN: 978-84-10062-18-4

A mi madre, Luisa, que me enseñó a amar la vida y a luchar por mis sueños; a mi padre, Rafael, que me apoyó en cada paso y me dio su sabiduría y su cariño; a mi hermana, Ana, que es mi mejor amiga y mi cómplice; a Franchesca Estrada, por ser la mujer de mi vida; a mis sobrinos y a mi familia, que son mi refugio y mi alegría.

Este libro es para los b-boys y b-girls que me inspiraron con su arte y su pasión por esta cultura; y para todas las personas que me quieren, que me hacen sentir afortunado y feliz.

Con todo mi agradecimiento y mi amor, este libro es para vosotros.

PRÓLOGO

A lo largo de mi existencia, he albergado una constante aspiración por ir más allá de mis limitaciones. Durante mucho tiempo, la mera creación de versos para canciones no lograba satisfacer mi anhelo interior; ansiaba dar un salto hacia adelante y, con infinita paciencia, he alcanzado la madurez necesaria para adentrarme en la apasionante aventura de la poesía. Rememoro con nitidez aquellos momentos en los que, a la temprana edad de trece años, plasmaba mis primeras letras de rap. En aquel entonces, dicho género musical era prácticamente desconocido para muchos; sin embargo, a lo largo de los años, ha florecido hasta convertirse en una manifestación artística seguida por millones de personas.

En esta ocasión, me presento ante el vasto universo de las letras con una obra que he decidido bautizar con el nombre de mi propio signo zodiacal: *Sagitario*. Y he escogido tal designación con el anhelo de que mi sencilla escritura sea resplandeciente, caprichosa, sedienta de nuevos horizontes y bendecida con una mente libre, como el arquero de fuego. Asimismo, deseo que, ante cualquier adversidad que se presente, esta obra pueda avivar el entusiasmo y superarse a sí misma.

Por supuesto, no podía permitir que estas palabras permaneciesen cautivas en las hojas de mi libreta. Por ello, he dedicado a este proyecto toda la pasión de mi inspiración. Confío en que este sea el primer paso de un camino extenso, en el cual siempre procuraré aportar modesta contribución, con el único propósito de brindar el máximo deleite a mis estimados lectores.

ÍNDICE

PRÓLOGO 7

EUREKA **13**

    Sueños 15

    Hipocresía humana 16

    Camino del Averno 17

    Sodoma 18

    Vendaval X 19

    Deleite 20

    Mis deseos 21

    Apache 22

    Escúchame 23

    Eternamente 24

    Paz 25

    Judas 26

    Beban 27

    Enamorado de mí 28

    Exterminio 29

PROSA PROFANA **31**

    Fábula.. 33

    Paso a paso 34

    Manantial.. 35

    Seré 36

    Literato.. 37

    Demasiado enfermo 38

    Amnesia 39

    Clavicordio 40

    Jerigonza 41

    Fragor 42

    No me engañes.. 43

    Alquimia.. 44

    Sin rumbo 45

    Nunca 46

    Me defenderé... 47

FRASEOLOGÍA...**49**

    El auténtico... 51

    Tonto 52

    No remedo... 53

    Sin perdón 54

    Equilibrio.. 55

    Intelecto 56

    Por ti... 57

    Fluyendo 58

Heroína 59

Opúsculo.. 60

Nacimiento 61

Eres una burla 62

Insoportable 63

Es imposible 64

El caminante... 65

LEGAME MUSAICO **67**

Yo 69

Hereditario 70

Enamórate 71

Espanto 72

Asombro 73

Creer o no creer 74

Métodos 75

Ellas serán 76

Me vale 77

Envidiosos 78

Luces y sombras.. 79

Disparo... 80

Podría ser 81

Fin.. 82

EUREKA

SUEÑOS

Leyes contra el pobre para el rico no están hechas;
Cupido se ha cansado, ya no lanza ni sus flechas. Sueño
con ser el niño en la cigüeña de vuelta a París, y soy
Hannibal Lecter ayudando a la agente Clarice.

HIPOCRESÍA HUMANA

Vaya expropiando su dinero, como el solitario, narrando cuentos milenarios porque es necesario. Y mientras, en el culto, un gitano ama a Jehová, su caballo sin jinete por el barrio viene y va.

CAMINO DEL AVERNO

La carne podrida será pasto de alacranes; los infieles niegan mucho, al igual que los patanes. Ya se anidan en mi rostro las sonrisas de trúhanes, y refranes de ultratumba son honrados por viejos chamanes.

Sodoma

El camello a veces huye; jamás lo hacen sus drogas. Milagros desde Roma, traigo vicios de Sodoma. Dulce ladrón, que amargamente os roba. Raly y su pagoda, no aceptamos artistas de moda.

VENDAVAL X

Os daré lenguaje, conquistando la razón, seduciendo con su imagen, y educando por cada renglón. Mandaré un ciclón de perfección humana cuando traiga el desarraigo de mi jerga cartesiana. Seguidora nínfula, sátiro o fanático, sueñen con el clímax de mi estilo pornográfico.

DELEITE

Me encanta el buen olor que desata un libro nuevo; me agrada ese sabor que deja el poliestireno. No culpes mi veneno si no llega a buen nivel; la endeblez de tu intelecto es la causa del desnivel.

Mis deseos

Si te leo, moriré como los monjes de Cardeña. No pretendas ser más listo que el educador que enseña, con poemas escondidos parecéis cultura muerta. Si deseas que deseos se hagan realidad, ¡despierta!

APACHE

Me llamo chiricahua y te corto la cabellera; reconozco bien por dentro, solo viéndote por fuera. Luchador más que un guerrero, pero fuerte y robusto como el acero. Soy poeta, no un barriobajero.

Escúchame

Quien me escuche, esboza una sonrisa;
aborréceme despacio y enamórate deprisa.
Con mi verso, el mate haré que brille,
el mudo os chille, el soberbio se arrodille,
y el vulgar te maraville.

ETERNAMENTE

Siempre andaré con arrojo y pundonor; no combato contra el débil, pues se trata de buscar honor. Que mi pipa en el farol de la bitácora se encienda, y que el frío en tu osamenta se caliente con mi ofrenda.

PAZ

Pulso las teclas más sensibles de tu alma; mis discursos son tus ojos, tocándote con calma. Este es mi camino, la paz; yo soy el karma. El pretexto de mi guerra es conseguir reír, fuera las armas.

Judas

Con escasez de sabios, cierre usted los labios;
el planeta está carente de reales, no de imaginarios.
Judas a mi lado, es la digna fiabilidad,
y del polvo levantaron los valientes, no debilidad.

Beban

Bebe este licor de mi fría adormidera; frase que medito es fugitiva en mi lápiz de cera, os pintaré mentes llenas de ceguera, y tristemente moriré si no sale el *flow* de mi chistera.

ENAMORADO DE MÍ

No para de mirarme el espejo de Narciso. Poetas que se bañen con mi sangre, los bautizo. Utilizo mis poderes con la irritación de Carrie, mirando a las estrellas, recitando a Kevin Barry.

Exterminio

Atraigo el culto de las brujas del noroeste de Europa;
te arraso y aniquilo como Napoleón y su tropa.
Lo siento, no me callo ni aunque me tapen la boca;
te convertiré en Medusa, mitad paje, mitad roca.

PROSA PROFANA

FÁBULA

Con voz que agrada y colmillos afilados, acostumbrado a que coreen mi nombre los aficionados. Como sabes bien, soy la fábula de Talos, protejo esta cultura de lectores y poetas malos.

PASO A PASO

Con pies titubeantes y ánimo dudoso, doy comienzo; el tatuador que ve tu cuerpo todo blanco como un lienzo. Me equivocaré a lo grande, pues gigante es como pienso.

Manantial

Si vienes con insulto, lo convertiré en piropo;
si te entra escalofrío, con mi técnica lo arropo.
Beba de mí un trago, manantial que no se agota;
mi vocablo rompe letras y te calla por ser un idiota.

SERÉ

Te beso por el día; pero muerdo cuando cae la noche. Yo seré quien, con mi voz, la blusa desabroche. Esa es mi actitud con la doncella: le lanzo un guiño y dejará por su vida mi huella.

LITERATO

Mi fuego no frena; a la rima calcina, la dejo en forma diamantina, con sabor a hierbabuena. En mi escritorio no hallaréis la papelera, ya que tengo el dramaturgo en mi interior, como Lope de Vega.

Demasiado enfermo

En la calle hay mucho enfermo; esto parece un hospital.

A lo canto gregoriano, entona tu voz nasal. Con tus dientes separados; que es un signo de lascivia, me alivia verte fatal.

AMNESIA

Alimaña incestuosa, con los dones de un traidor, sobre el río de la amnesia flota tu canción antigua; y en el mar de las ambiguas, yo seré tu pescador.

CLAVICORDIO

No castigo ni con palos ni con piedras,

pero soy nitrato clave en cultivos masivos de hiedras.

No verás riquezas ni siquiera bajo tierra,

pues entierro con mis letras al infame que incite a una guerra.

Jerigonza

Dando verbo ilustre, junto a mi corona,
tu lenguaje no es capaz de articular lo que mi mente razona.
Y si me caigo, que sea como una estatua de Roma,
y me recuerden en los libros de cualquier idioma.

FRAGOR

Mi aullido truena, y no revela penas; aun teniendo más secretos que playas ocultas en su arena. Bajo la miel, traigo el veneno, que os mata de lleno, pues a sonrisa estrepitosa de triunfo sueno.

No me engañes

Si usted es muy malo, no finja ser muy bueno; su texto es más pesado que un escrito de Claudio Galeno. Si recupero en mis tejados el olor a gato sucio, voy a daros las batallas de Escipión Barbato Lucio.

ALQUIMIA

De monje lujurioso y alquimista tengo algo;
sobre bosques de tinta, mis rimas las cabalgo.
Del novato hasta mi estilo, el camino será largo;
yo te traigo el mejor vino, deja ya el sabor amargo.

SIN RUMBO

Remas despistado en la oceánica ignorancia, y yo marcho con urgencia, cual sirenas de ambulancia. No verás borrones en mi texto, solo magia, y excelente disciplina son los versos, ¡si no plagia!

NUNCA

Un escrito fuerte, experimentado y marrullero; un sayón por esta hechura, pero suave, sonando a bolero. No callaré nunca, ni aunque ponga en mi boca sus dedos. Ando con firmeza, y a tropiezos me enfrento sin miedos.

Me defenderé

Si me pisas con rimas, te pateo, literato escritor; te concedo un deseo. Andrómeda ha llegado Perseo sacudiendo estilos hasta oír tu jadeo.

FRASEOLOGÍA

EL AUTÉNTICO

Demasiado real soy, para ser un falso,
andando sobre el mundo voy con mis pies descalzos.
Cien ojos y te engañan como al gigante Argos,
el pecado más amargo es la envidia y de largo.

TONTO

La ignorancia, con lectura, puede ser que sea curada,
pero para tu tontura, no habrá cura ni pomada.

Sobrepasas el cupo de la estupidez humana,
y no termina esto hasta que silbe la campana.

Ilumino con mi obra tu faena letrista mundana.

No remedo

Texto no copio, triste por tu acopio.
No soy el enemigo, porque está en espejo propio.
Yo escribo para toros o verracos célebres,
y mi voz hará que alegren hasta himnos fúnebres.

SIN PERDÓN

Hay personas que me quieren; otras, me hieren. Ser un pobre imbécil, muchos me prefieren. Yo no perdono traición ni vuestra mala intención, porque soy la creación de la serpiente voraz de Ofión.

Equilibrio

Aquí, el acróbata idiomático selecto; el *flow* defectuoso, lo convertiré en perfecto. Cual velero de San Telmo, brilla hasta mi mástil por descifrar jeroglíficos con genio táctil.

INTELECTO

Ideas florecen bajo mi barba gris; voy a escribirte bien, coterráneo de Góngora Luis. Es mi talento tan enorme que puede causar eclipses, ocultando las rencillas entre Diomedes y Ulises.

POR TI

Brindo por ti con la copa inquebrantable; traigo el arte inagotable, sin disculpa, un literato amable; porque siempre fui un delincuente juvenil, incluso un mal estudiante; pero del verso, su mejor amante.

FLUYENDO

Así fluyo, como un barco rumbo a Nueva Orleans,
donde esclavos, con sus ritmos, cantan mientras reman;
y en los corceles, querubines invisibles van,
ruge el capitán contra diablos negros de alquitrán.

Heroína

En un páramo brumoso, tirado vas a quedar;
con la fruta inquebrantable, he venido para saciar.
Inyectando en pentagramas la heroína de mis versos,
una adicción para perversos.

Opúsculo

Empieza y no acaba; eso es tu analfabetismo, empujando el vademécum de los sabios al abismo.

Nacimiento

El día de mi bautizo, cantaron los ruiseñores; entiendo que en mi ausencia, medites y que me añores.

ERES UNA BURLA

Mucha gracia me hace el pijo disfrazado de palestino pobre. Ojalá te veas tirando de un carro con cobre.

INSOPORTABLE

Parezco un toro, me hago fuerte en el castigo; este mundo es un teatro y actuar en él no va conmigo.

Es imposible

Te he intentado enamorar, pero creo que es imposible; cuando hay miedo hacia el fracaso, lo mejor es ser insensible.

EL CAMINANTE

El caminante receloso andará un camino incierto, anhelando ver oasis, cuando solo ve un desierto.

LEGAME
MUSAICO

Yo

Paso de asombrarte con mi letra; agradarte procuro. El arte es como el aire, y solo yo puedo darte el más puro.

HEREDITARIO

Con Zenón de Elea me he educado en la dialéctica;
brujas de Tesalia es la raíz de mi genética.

Enamórate

Se enamoran del semblante de esos ríos los rayos de luna, y de estos arrogantes voceríos, poetas de cuna.

ESPANTO

No temas destacar; por temor a equivocarte, ¿quién dijo que esto es arte? Si he venido hasta aquí para educarte.

ASOMBRO

Caminando por senderos, con la luz del sol de Homero, un milagro me considero.

CREER O NO CREER

¿A pescar se puso Dios en el mar de Galilea?
No tiene que ser real, solo crea si así lo desea.

MÉTODOS

Refrescaré tu mente, solamente con mi estilo, pupi-
lo; voy a aumentar tu coeficiente y dejarte en vilo.

ELLAS SERÁN

Larvas serán las que coman mi difunta carne; trova gigante, no es cine viendo a un comediante.

ME VALE

Si el demonio va de luto, yo visto de alegría;
con un folio y su luz amarillenta, me valdría.

ENVIDIOSOS

Si me envidias, te haré una tumba a lo Gala Placidia, y en el mar te engulliré, como una ballena hizo a Jonás en la Biblia.

LUCES Y SOMBRAS

Dando lucidez, voy navegando
con destellos, y dudando de poetas,
porque yo he naufragado con ellos.

DISPARO

Mi mente es una metralleta,
lanzadora de ingenios y letras;
kilómetros penetra,
y es la más rápida, cronometra.

PODRÍA SER

Puedo ser el más limpio,
con el poemario más sucio.
Escasos de talento, me envidiáis
por lo bien que pronuncio.

FIN

Fui soldado y poeta, a lo Gutierre de Cetina; tu ignorancia con mi obra y elocuencia, se termina.